박자원 시집

저녁강이 그리운 때

마을

빛나는 시정신을 꼼꼼하게 엮어내는 — 마을

- 서울 태생
- 홍익대 미대 졸업
- 잡지사 근무
- ≪시대문학≫으로 등단
- 문학시대 동인
- 한국문인협회, 한국시인협회 회원
- 문학의 집·서울 회원
- 시집: ≪꿈을 팝니다≫ ≪세상의 문을 향하여≫

박 자 원

저녁강이 그리운 때

박자원 시집

1판 1쇄 인쇄/ 2011년 5월 10일
1판 1쇄 발행/ 2011년 5월 15일

지은이 / 박 자 원
지은이 / 성 춘 복
펴낸곳 / 도서출판 마을

등록 / 1993년 5월 15일 제1-15191호
주소 110-530 서울 종로구 명륜동 1가 33-90 경주이씨빌딩 205호
전화 / (02)743-5793, 5798
팩스 / (02)742-5798

값 10,000 원

저자와의 협약에 의해 인지는 생략합니다.

ISBN 89-8387-225-X   03810

푸른 시와 시인

박자원 시집

저녁강이 그리운 때

마을

책머리에

오랜만에 나온 들에는
스치는 바람이 따뜻하고
나무들은 봄옷을 입기 시작했어요

작년에는 꽃도 못 피운
수수꽃다리가 올해는
순을 틔우고 있네요

고단하고 힘든 마음이 들 때
그저 편안한 사람을 만나고 싶은
그럴 때, 등 다독이듯 편안하게 읽히고 싶은

갈피 사이사이에서
후회 없이 들을 수 있는
나만의 음악을 듣고도 싶네요.

2011년 살롱드 원에서

洗雲 박자원

• 책머리에 - 저자

1. 생각하는 나무

가을 향기 · 13
숲을 걷다가 문득 · 14
딸과 함께 · 16
고추밭 · 18
선유도 · 19
찻집에 앉아 · 20
이렇게 지나간다 · 21
너희도 그러겠지 · 1 · 22
너희도 그러겠지 · 2 · 24
너희도 그러겠지 · 3 · 26
있잖아, 얘들아 · 28
부처님 오신 날 아침 · 30
한적한 날 오후에 · 32
아무도 막지 못하는 일 · 34
빈 손의 아름다움 · 36
그리하여 갯가에는 · 38
성묘 · 39
그들만의 시간 · 40

2. 가슴 부풀리는 것들

나도 그런 마음인 것을 · 45
청태산 메아리 · 46
경칩날 아침에 · 48
첫눈을 보며 · 49
알 수 없는 날 · 50
아프지 말아요 · 52
대풍집 · 54
가을 풍경으로 · 55
나무의 마음 · 56
그랬으면 좋겠다 · 57
관곡지, 거기 · 58
문수골에서 · 60
능소화 아래서 · 62
여백의 미 · 63
행복 찾기 · 64
꽃들이 가득 핀 · 66
나무들 사이로 · 68
짧은 동안 · 69
이런 날에는 · 70

3. 걸어서 가노라면

마음 따라 · 73
혼자라는 것 · 74
길 위에 또 길 · 76
봄 화사 · 78
보탑사(寶塔寺) 소묘 · 80
섬진강가의 수유마을 · 82
해암정(海岩亭)에서 · 84
숲의 노래 · 86
단풍 잔상(殘像) · 87
아버지 · 88
나들이 · 90
마음 가득 꽃은 피어 · 92
그런 줄만 알았는데 · 93
겨울의 끝자락에 · 94
내 젊은 향내에 빠져 · 96
가을이 물드는 거리 · 98
수타사(壽陀寺) · 99
마음 가는 대로라면 · 100
가을 스케치 하다 · 102

4. 나무처럼 솟구쳐서

풀꽃들 · 105
삭풍의 등 뒤로 · 106
아무래도 당신은 · 108
숲길을 걸으며 · 109
편지 · 110
어쩌면 다 비워낸 · 112
봄은 오는데 · 114
함박눈 · 115
세월 · 116
어쩌란 말이냐 · 118
어떤 외출 · 119
가을 소묘 · 120
휴휴암(休休庵)에서 · 122
그 무량수전(無量壽殿) · 124
고왕경(高王經) · 126
노을빛 · 128
흐린 날 · 129
친구에게 · 130
아름다움의 정취 · 132

5. 하얀 꽃등불 켜고

기다리고 기다리다가 · 135
외로운 것은 · 136
발왕산에 올라 · 138
독 백 · 140
공원 이야기 · 142
바자님 · 144
마른 잎에게 · 145
상혼(傷魂) · 146
그리움 가득히 · 148
가을밤에는 · 150
사랑은 그 어디에 · 151
잠시 쉬어보세요 · 152
무제 · 1 · 153
무제 · 2 · 154
안개는 자욱 · 155
참 귀찮은 일로 · 156
꿈 속에서 · 157
명상 속의 너 · 158

1.
생각하는 나무

가을 향기

맥문동의 보라꽃이 고개를 숙인다
나무들은 침묵을 하고 있으나
귀뚜리 울음은 여전하다

짙은 풀냄새
찰나의 시간 속으로 사라져가고
하루해마저 그리움을 남기는데

나도 생각하는 나무가 되어
이 계절 내내
먼 산을 바라볼 일이다

아름다운 꿈을 가꾸며
가을의 향기가
나를 더욱 취하게 한다.

숲을 걷다가 문득

오솔길이 태양을 가리고
조요롭게 숲 사이로 스며들더니
내 얼굴까지 간질어대네

능선을 따라 불어대던 바람
굵은 땀방울 문지르며
내 하루를 달래려는지

들꽃들에 눈길을 주었을 때
때죽나무의 꽃향은 코를 실룩이게 하고
숲 언저리를 돌아 밤꽃내를 먼 산으로 향하게 하네

굴참나무를 쪼아대는 딱따구리
산까치와 뻐꾸기의 노래에 화답이라도 하려는지

청설모의 막춤에 흥을 돋우다가

비로소 여기 내 살아 있음에
오로지 한 마음의 푸르름으로
일상의 나태를 털어버리게 하네.

딸과 함께

첼로의 현을 타고 가을바람이
내 마음 읽어내듯
엄정히 스쳐 지난다

아이와 함께 들른
솟대를 주제로 한 저 그림
바다 속 생명을 찍은 사진들까지

미술관 버스에 올라
통인가게의 재밌는 모양도 구경하고
찻잔 손잡이도 이야기하며

걸어다니다 계절의 예쁜 목도리도 산다
흘려보낸 멜로디에 귀 기울이는 동안

저만치 세월은 달아나더구나

사람이 가고 세상도 가고
무엇이 되든지 넌
희망을 활활 태우거라.

고추밭

할머니의 손길만 모아놓은
텃밭 언저리
매운 향기도 숨어들어
그저 슬프기만 하구나

주욱 뻗은 고추밭 이랑
세월에 지친 발걸음을
잠시 거두고 보면
줄줄이 매달린

아, 빨간 고추를 보게 되다니.

선유도

아래로는 물
하늘엔 구름한 점 없어도
강 가운데 떠 있는 섬이 있어 바라본다

보랏빛 부레옥잠꽃
듬성듬성 핀 수련이며 부처꽃들
주렁주렁 열린 모과까지 눈을 준다

잠시 멈추어
무심한 눈길 보태면
큰키미루도 한가롭게 흔들리고

저녁강이 그리운지
별 하나가 사랑을 안고
살며시 하루를 내려앉게 한다.

찻집에 앉아

오래 된 친구 하나와
계절이 지나는 거리의
찻집에서 일상의 탈출을 꿈꾸고 있다

크고 작은 행복들로 채워진
시간들이 달려온 날들보다는
남은 세월을 더 걱정하는 우리

밤이 깊어갈수록
주위는 더욱 밝아져
지나는 바람조차 쓸쓸하고 희미해 가고 있다.

이렇게 지나간다

새벽녘의 매미소리에
화들짝 깬다

늦은 밤 불빛으로
정신없는 매미들
높고 낮음의 노랫소리

여름 한 철이 그렇게
지나간다, 지나간다.

너희도 그러겠지 · 1

맑은 물과 조팝꽃
청계천을 찾은 이방인들
보신각 앞 나무의자에 앉아
지나는 사람을 올려다본다

인사동을 걷고 화랑들을 기웃거리며
생각을 한다. 너희도 그러겠지
"에펠탑 안에 들어가지 않고 보기만 했어요
또 앞에서 그림을 그리고 책을 읽다가
산책을 하고는 이내 들어왔어요"
"걸어서 뽕삐두 센터 앞에 가서
드로잉하고 노트르담 성당도 보았어요"

너희도 그러겠지
사랑스런 이 계절에는.

너희도 그러겠지 · 2

흐릿한 날씨건만
온 몸으로 바람을 맞으며
모차르트를 듣는다

엉겅퀴와 나팔꽃, 아기똥풀과
아무래도 제멋대로일 것 같은
들꽃들이 순서대로 피어나고

벚꽃잎 날리는 이 봄엔
두 팔 벌려 더 큰 세상으로 너희는 가고
우줄우줄 춤을 추듯 꽃잎도 날린다

너희와 같이 왔던
이 길가엔 토끼풀꽃 하얗고

막 피기 시작한 망초도 반기듯 하더구나

미술관에서나 또는 투우를 볼 때
퍼포먼스의 거리에서 노래도 들으면서
잠시 쉼터에 걸터앉아
이야길 나눌 테지

그러겠지, 너희도
상쾌한 이런 계절에는.

너희도 그러겠지 · 3

"노팅 힐도 잘 구경하고
 전날 만났던 그들과 피크닉을 하기로 했어요
 날씨만 따라 준다면"

"좋지, 날씨는 따라 줄거야
피렌체에서 뽄데베끼오 다리를 걸어봐야지
'쟈니 스키키'의 그리운 아버지에도 나오잖니

그곳은 꽃의 도시라는데
활짝들 피어 있을거야
아름다운 도시니 말이다"

"그러니까요 그렇게 예뻤어요
 여숙이 바로 코 앞이라 자주 보고 다녔지요

그림도 그리고, 풍광도 더 예쁠 수가 없었는데

아마도 꽃이 많았던 것 같아요
다리가 워낙 예뻐서 덩달아 모든 게 예쁘구나 했죠
히히, 이젠 나가요, 저희는요"

"그러겠지, 너희도
아름다운, 그리고 그곳 계절도 그러니."

있잖아, 애들아

있잖아 애들아, 오늘 아빠와 함께
노는 날이라 연꽃 보러 갔었지
수련과 함께 부들도 피어 있더구나
빅토리아연도 막 꽃을 피우고
희고 붉은 빛이 어우러져
한 줄 글귀로 떠올려 주더구나

애들아 있잖아, 난 말이지
새털구름 떠다니는 저 하늘과
녹황색 나무들과 새, 꽃들
나무바다와 그리고, 그리고
새들의 지저귐이 유난스러워
이 계절이 참 좋더구나

그래, 요즘은 어떠니
넉넉하고 풍요로움을 닮아보는 게
오늘 내가 본 먼 산의
운무와 꽃잎 위로 내려앉은
밝디밝은 햇살조각이랑 아름다운
풍광을 너네들에게 보내고 싶구나.

부처님 오신 날 아침

부처님 오신 날 아침
그 아침에 절에 갔어요
마로니 꽃이 피었어요

스님은 황백색의 촛불을 켜들고
부처님 전에
절을 올리고 있었어요

많은 연꽃들 고개 숙여 공양드리고
자비가피 내려
법의 향기 충만했어요

지극한 마음으로 연등을 밝히니
마음의 영원의 빛으로
길이 남게 하소서.

한적한 날 오후에

물씬 갯내음 풍기고
해미가 자욱한 바다를 본다
고깃배들은 아슴푸레 지나가고
바닷물은 갯벌만 보여주고 빠져나간다

갈매기들에 먹이를 던져주면 곡예하듯
공중에서 잘도 받아먹는다, 두 날개 퍼득이며
노랑부리 갈매기들의 투정이 싸움이 되고
애교부리는 모양새는 귀여운 아이와 같다

장화 신고 조개 캐고 낙지 잡으러
민틋한 갯벌밭의 사람들
해삼, 멍게, 전복, 산 낙지에
바지락 칼국수까지 먹는 이들

곰살궂게 구는 사람들까지
한나절의 이야기로 되어버리면
아까시꽃이며 장미꽃까지
소도록하게 줄장미가 되고마는 한나절 얘기.

아무도 막지 못하는 일

모퉁일 돌면 살피꽃밭 바로 그 옆
꽃눈개비 위로 빗방울 흐른다
잎새 날리는 소리에 또
새들의 날개 부딪는 소리

그 무엇으로도 막지 못하는
한 순간이었으리라
나뭇잎 팔랑이며 살폿 내려앉는
저 흔들리는 풀잎들처럼

어미의 날갯짓에 눈빛은 애절하고
안타깝고 당황망조(唐慌罔措)한
내 주위의 울부짖음으로 하여
텅 빈 하늘로 날아가 버리다니

내가 본 한낮의
저 어린 새
새의 주검이라니.

빈 손의 아름다움

다비장의 불꽃이 동백꽃으로 튄다
하늘로 퍼져나가는 백여덟의 종소리
댓잎과 소나무가지까지 흔들어놓고
하얀 연기로 날아갔다

이별이 낳는 슬픔도
얼굴 가득히 흘러내리다가
불꽃 사그라들 무렵
허허로움으로 멎는다

온 밤 그리움의 몸살로 헤매다
꿈길에 얼핏 눈을 뜨는 순간
아, 보고 싶은 마음이 밀려와
배고픈 시간에 잇대어진다

비움의 슬기와 가벼야움 정신
그 가르침을 나도 닮고 싶어라
감히 불꽃으로 떠난 어르신께
연꽃으로 피라는 말은 삼가야지

옴 아모가 바이로차나 마하무드라
마니파드마 즈바라 프라마틀타야 훔.

그리하여 갯가에는

바다로 나갔다
그곳으로 흐르도록 중계를 하는 듯했다
반달형의 모래톱은
바람 한 오라기 남기지 않았고
눈과 가슴까지 뚫린
깊고 푸른 물색에 대하여
솔숲과 어깨 가지런히 한 길을 만들었다
노랑부리 갈매기와 가마우지도 즐겨
바위에 닫던 짤짤한 해초의 움직임을
하얀 등대를 두 팔로 안는 일까지 보였다

왜 이 바다로 왔을까
깊숙이 흘러든 바다이야기를
내가 보고 있는 이곳에 보내기 위해
손전화의 빈 번호만 나는 자꾸 누르고 있다.

성 묘

새벽빛을 따라
한아름 가슴에 보라를 안고 찾아갔지요
쑥국새 울음이 음침하게 들렸어요
산수유는 들레기 시작했고
목련도 몽우리를 흔들기 시작했어요
겨우내 얼어붙었던 땅들도 녹아내렸으니까요

어디에도 당신은 없었어요
새삼 그리워지네요
언젠가는 우리도 따라가겠지만
봄이 찾아든 이곳에는
도린곁의 꽃나무들이 늘 눈을 뜨고
풀들도 기지개를 켜는
아, 당신의 그 처소
거기 세월이 흐르네요.

그들만의 시간

철쭉꽃 볼그스레한 사이로
계단을 내려가며
가위, 바위, 보

꽃 한 송이 든 남자가 이기면
한 잎 따버리고 계단 내려서고
여자는 이기고 지고 하다가

그 어느 편도 아닌
그대로의 모습 그 모양
번지는 미소는 참으로 아름답다

마지막 층계에서 남은 잎 따내고
손바닥끼리 치며 어깨걸이도 하는데

모자 밑으론 은발이 날린다

추억을 나눠 가진 사람들이라
뒷모습도 닮아가는가 보다
꼬옥 잡은 손등엔 노을빛이.

2. 가슴 부풀리는 것들

나도 그런 마음인 것을

있을 수 없는 일이야
증오의 말들만 뿜어져 나오고
속사포처럼 퍼부어대는

걸으면 삭아들는지
네가 하는 그 행동
도저히 참을 수 없더구나

세상이 다 얼어붙은 듯
마음까지 다 들러붙었으나
정말 있을 수 없는 일이야

임진강
그 끝물에 선 채
내가 붉은 꽃으로 굳는 것은.

청태산 메아리

둔내 횡성을 돌아
낙엽송과 잣나무가 멈춰 선 숲을 거닐었습니다

눈 속의 푸른 조릿대
나무와 새들의 이야기에 빠져들고

사르륵 사륵
눈 덮인 산길의 발자국들과 더불어

다람쥐가 심은 어린나무들의
모여 선 모습에 무슨 재미라도 있은 듯

쭉쭉 뻗은 나뭇가지 사이로
햇살을 뽑아 들었습니다

숲이 전하는 그 기운의 웃음소리만
나로 하여 메아리치게 했습니다.

숲이 전하는 그 기운의 울음소리만
나로 하여 메아리치게 했습니다

경칩날 아침에

봄 햇살 창가로 다가들고
벽그림 나무에도 바람이 기대선다

흔들리는 나뭇가지
그림자도 덩달아 움직이고
나직한 말소리에
잠든 생명까지 일깨운다

마시다 만 녹차 잔
점을 치는 뻐꾸기소리
펼쳐 놓은 책장 사이로는
조요로운 세상구경의 숨소리

그 기운에 버르적거리던 맥문동
툭툭 몸을 털며 키를 돋운다.

첫눈을 보며

내다봐요, 바깥을
너무 많이 오잖아요
우리 첫눈 맞으러 나가지 않을래요

어떠하든 일단은
눈(眼)으로 눈(雪)이나 실컷 맞이해요

알겠어요
나 혼자 나가 봐야지
그만한 기운 있으면 도시락쯤은 쌀 수도 있을 텐데

그저 꼼짝도 않고
머릿속으로만 몸을 추스르는, 아!
헛웃음만으로 허공을 울리네요.

알 수 없는 날

되작되작 바람이 가슴을 열어주고
하늘 덮어버리는 저 잎새들
숨결은 마냥 그윽타

턱없이 높은 열망과 깊이에의 집착도
들끓는 내 생각과 더불어
언제 비우기 시작했는지

꿈을 쫓다 피곤에 지쳐
이리저리 쓰러지다가
곤한 잠에 빠진 사람들처럼

속이 타 물 한 모금 들이키고
며칠을 씻지도 못한

아, 초췌한 모습의 참담함이라니

부대끼며 들끓는 욕심마저
정화수라면 하루쯤은 재우련만
살아남은 자들의 뜨거운 숨소리로 그득할 뿐

무표정한 이 시간을 어찌 이길 수 있으랴
생각의 뿌리가 더 웃자라기 전에
미련과 아쉬움의 발길을 서둘러야겠는데

훠이훠이 너른 걸음 여유롭게
남겨진 그 자리
구름만 높아 싱그럽기도 하다.

아프지 말아요

한없이 가도
내다볼 수 없는 길처럼 힘들어도
쭈그러들거나 어깨 늘어뜨리지 말아요

한세상 다 하도록
보살피고 다독이며
바라만 보아도 좋은 당신

내가 당신이 되고
당신이 내가 되어서
한마디 말이라도 가슴 아프게 하지 말아요

몸과 마음에
상처 없고 고통 없이
하루를 살아도 아프지 말아야 하듯이.

한세상 다 하도록 / 보살피고 다독이며 / 바라만 보아도 좋은 당신

대풍집

깊은 골도 아닌데
아까시나무 밤나무들이 보이고
자동차도 조심스레 지나는 오솔길 한켠

아무 때나 찾아가도
아름다운 음악과 사람들의 구수함
문 앞에는 늘어지게 잠만 자는 강아지가 있는

한 줄기 바람 불어 땀도 들이고
갖가지 찬은 없어도 두레상 마주해 먹는 음식
잊지 못해 다시 찾는 맛깔 난 그 집.

가을 풍경으로

휘어지게 늘어진 가지엔 감과 대추
사과도 울멍줄멍 달려
멀리서도 들깻잎의 향기는 풍겨온다

색색으로 변해가는
가을 들녘을 바라보며
한껏 자유로움을 만끽해 본다

세 그루의 멋쟁이 소나무
의성 탑리 오층석탑은 모전석탑이고
아래 몸돌엔 감실을 팠다

상수리와 느티나무가 엇바꿔 숲길로
내 발길이 머무는 곳마다
가을은 참한 풍경화가 된다.

나무의 마음

저녁노을 퍼져 나가는 때
외로운 시간을 보내고 있는
등 굽은 늙은 나무

끝없는 산내음에 취하는 무리 속
부질없이 흔적의 거리를 헤매며
혼자 고개를 떨어뜨리고 있네

이리저리 흔들리고
꿈도 말도 다 가져가버려도
꿋꿋하게 버티고 서 있구나

낯선 시간들을 맞이해야지
무엇을, 누구의 시간을 위해
저렇게 꼬부라진 허리가 되었나.

그랬으면 좋겠다

점안식과 현판식이 있는 날
화려한 대웅전에 모신
부처님, 양쪽의 지장보살님과 관음보살님도
모두 처음으로 인사를 받는 날이다

신선하고 사랑과 설렘이 있고
뜨겁고 순수한
우리의 첫 열정처럼
신비스러움과 아름다움이 있다, 그곳에는

그랬으면 좋겠다
이곳에 모인 스님들과 불자들
다시 시작하는 기쁨으로
부처님의 가없는 가피가 있었으면.

관곡지, 거기

물왕리 지나 거기
소리 없이 흐르는 논바닥엔
송사리떼와 어린 맹꽁이들

그 안의 백련이 논두렁을 헤집고
바람이 불 때마다 잎사귀들을
이리저리 쏠리게 하면

빅토리아연, 색색의 태국수련도
시계초 덩굴과 수세미, 하늘타리꽃과 함께
시원스레 꽃으로 피어난다

자귀나무들이 바람에 흔들리는
사휴정(思休亭)에 잠시 앉아 먼 옛날의

사도세자를 생각하는 정조를 돌이켜보노라면

연붉은 혹은 흰빛이 감도는
저 연꽃들 참 많이도 핀다싶다
내가 찾은 관곡지에는.

문수골에서

구름 한 점 없는
하늘을 보고 있노라면
새벽이 내 앞에서 설렌다

물기 먹은 나무들 사이로
햇살이 비치고
발 담근 냇가는 유난히 서늘하다

문을 나서서 마음에 드는 그 어디
경치를 찾아나서는 일
나도 모를 기쁨에 들어 유유자적할 수 있다니

겨우살이차로 은은한 내음 풍기면
주인장의 색소폰 소리는

물소리에 휘감겨 달아나버린다

휘어져 돌아가는 계곡의 저 물
산마루 너머 해가 들이는 골짜구니엔
수련 몇 송이가 새 얼굴을 내민다.

능소화 아래서

기다림의 꽃이라나
꽃이 핀 담장을 올려다볼 때는
알 수 없는 반가움이 앞서
가슴 가득 슬픔이 일고

누가 봐주기나 하랴
한강을 거만하게 쳐다보면서
활짝 귀를 열어젖히고
덩굴째 받아들이며

피고 지고 또 피고 지고
아름다울 적에는 내처
떨어져 내리기만 하는 저 주홍의 꽃을
한여름이면 무작정 쳐다보며 나는 걷는다.

여백의 미

참 오랜만에
허연 여백을 보니
내 마음도 풍요롭고
넉넉해지는구나

멀리 떠나는 저 비늘구름처럼
옛 생각들과 작아져서
내 멋진 꿈들까지
그릴 수 있는 것은.

행복 찾기

푸른 잎새 살랑대는
거기서 난
행복한 웃음을 만들고 싶었네

텅 빈 방문을 밀고
활짝 열어젖힌 다음
벅찬 감동도 느끼고 싶었네

함께 연주하듯 감싸 안고
차별 하나 없는 생각마저
도두보이며 비다듬고 싶었네.

푸른 잎새 살랑대는/거기서 난/행복한 웃음을 만들고 싶었네

꽃들이 가득 핀
- 돌곶이 꽃동네

유월의 어느 날
눈부시게 햇빛 가득한
구석구석에는 작은 들꽃들의 세상

그 넓은 곳은 온통
양귀비와 안개꽃
신선하고 그윽하기까지 한

종일 넘나들다 지친 바람과
보랏빛 수레국화 향기를 따라
한정없이 피어오르고

논둑이며 밭고랑이며

걷다가 꽃향기에 취한 사람들
꽃물로 물드는 온 마음들.

나무들 사이로

나무 우듬지 위로 햇살 머물러
비취색이 된 이파리들

살랑살랑 바람 사이로
언뜻 스치는 하야스레한 구름들

마주 선 나무들에
잎사귀로 맺히는 이슬방울들

아름답게들 피어
한껏 가슴 부풀려놓고

바람 한 점 불어와서 드디어
숲 속 어딘가로 내 마음 날려 보내네.

짧은 동안

마음이 닮은 사람과
서로 손잡고
조조 영화도 보며
거리를 기웃기웃
그러고 싶은

아쉬워
그냥 넘어가기에는
짧은
그
잠깐 동안이.

이런 날에는

앙증맞은 줄장미가
그리움의 부피만큼
온몸 흔들어대다가

눈바람을 마시자
제 멋에 취했나
흐트럼을 보이네요

바짝 마른 줄기로는
어둠을 손짓해 부르다가
밭은 걸음으로 날 쫓아오네요.

3.
걸어서 가노라면

마음 따라

사십여 년
꿈오라기, 그 길로 오면서
신록의 숲은 내 안에 가득 차고
정감 넘치는 시간
언제나 피어나네

솟구침의 그 자리
포도주 맛처럼 달콤새콤
가슴 설레고
내 사랑의 동그라미들도

숲 속의 카페
불에 탈 수도 없는 이야기들만
아름다운 음률로 남아
마구 날아다니네.

혼자라는 것

뜨거운 순댓국을 먹어보았나
땀이 흐르는 더운 날
재래시장 안 싸구려 식당
비닐 문을 열면 둘러앉은 사람들과
눈치 보며 밥을 먹는다는 것이
얼마나 힘든 일인지도 알거야

순댓국밥 먹어본 사람은 알지
고개 숙이고 옆도 못보고
들키지 않게 고독을 남기는 법을
입 속에 꾸역꾸역 넣고
소리를 내면 안돼
젓가락도 떨어뜨려선 더욱 안되지

빠르게 국밥을 먹어본 사람은 알고 있지
뜨거운 국물도 아무렇지 않게 삼켜야 하고
체하지 않으려면
허기진 배를 달래가며 먹어야 되고
그래야만
편안한 저녁을 보낼 수 있지.

길 위에 또 길

거리에서 거리로
1호선과 5호선을 갈아타면서
하루해를 보낸다

땡볕 아래를 걸을 때
은행나무 그늘의 시원함
저절로 마음은 풀어졌고

오가는 이 없어 한산한
거리 그러나 분답스런
내 마음의 길

그 그늘 속으로
점점 내가 줄어 작아지듯

걸어 들어가고 있다

나를 깨치는 길
오로지 나만의 길
참 걷기 좋은 날이다.

봄 화사

갑자기 몰려오면
난
어떻게 하지

조바심치며 기다렸는데
난
어쩌지

반갑고 고맙구나
난 산들바람에 햇빛 반짝
뽀얗게 핀 목련 앞으로 절로 나서는데

장미며 명자나무며
쏙소그레한 저 잎사귀들

시간은 다퉈 일어나는데

가벼우나 몸 흔드는
꽃빛과 풀빛에 서걱이면서
내 다리마저 허든거리는데.

보탑사(寶塔寺) 소묘

만판으로 쑥내가 번져가는 곳
연꽃모습의 보련산엔
막 봄을 수놓는 꽃잔치였어라

천 년의 연곡사 삼층 석탑
또 삼층 목탑
백비(百碑) 들앉은 이 곳

적조전에는 누워 계신 부처님
설법 듣는 나한들의 영산전
반가사유상은 영산홍 꽃방석을 깔고 앉으셨고

뒤켠 삼신각 오르는 길목엔
탑꽃 옆댕이로 잔네꽃들, 철쭉과 할미꽃

산들바람으로 피어나고 있었다

바람이 풍경소리에 어울리듯
노스님의 향그런 마음도
그 뒷모습마저 아른하기만 하여라.

섬진강가의 수유마을

들과 산에 황금의 꽃길
팔백리를 흐르는 봄맞이의 강은 포근하고
죄다 불꽃놀이 하는 것처럼
작은 꽃송이 톡톡 터져나고

마을마다 북적이는 사람들에
무리지어 있을 때는
노란 꽃구름 같은
아름다움이 산수유꽃 된다

남도의 이 강가에선
참게탕과 취나물맛
넌짓넌짓
자주 취해만 가고

언덕배기마다
이슬 젖은 꽃내음들
연하고 부드러운 그 몸짓에
봄날의 빛은 산란하기만 하다.

해암정(海岩亭)에서

벚꽃 흩날리던 날
바람을 타고 오는 그대의 음성
함께 가꾸던 약속이며 꿈
그런 호운은 사라지고
낡아 찢긴 자리엔
글 읽는 소리도 시인들의 시구도
또 우암선생의 현판글씨마저 쉽게 떠난 것을

신재공*이시여, 이제는
탁본 뜨는 소리만 가득한 이곳
그리움만 더욱 깊어라
물빛 맺힌 삼척의
그 추암 하늘에는.

*심신재: 초명은 한, 호는 신재, 동로는 공민왕이 하사한 이름.

그리움만 더욱 깊어라 / 물빛 맺힌 삼척의 / 그 죽음 하늘에는

숲의 노래

그럽디다, 이런게
감미로운 빛깔로 꿈틀대는
봄의 숲이라나요

그럽디다, 허물어진
빈 터에서 무언가를 싹 틔우고 싶은
투명의 열정이라고

그럽디다, 나무들은
너무 많고 깊어서
아주 침묵하며 자란다나요.

단풍 잔상(殘像)

갈숲 사이사이 빠끔히
나를 올려보는 남빛의 나팔꽃

메말라 가는 물 속에선
또 슬픈 눈빛을 보이는 물고기

이름 모를 잔꽃들과 더불어
발갛게 물드는 선씀바귀

붉은빛을 띤 노을이
내 마음 안으로 들이닥치면

시들은 망초꽃들은
바람으로 갈대숲을 마구 흔들어댄다.

아버지

언제나
사랑의 향기가
묻어나던 그리운 이

한 번만이라도
내 마음에 다녀가세요
내 곁으로 머물다 가세요

어젯밤
당신 위한 상 앞에
자식들 모두 모였었죠

오늘은 더욱
당신이 그립습니다

많이 보고 싶네요

언제나 따숩게
앞서 달려주셨던 그 모습
지금도 생생합니다.

나들이

높아진 하늘을 보며 느긋하게
도자기 박물관, 미술관 들르고
북 하우스에선 '옛인형 일기'도 사고
카페테리아에 앉아 이방인으로 차를 마시며
예쁜 찻잔들과 통통 튀는 분위기의
구경거리로 비싼 찻값을 대신했다

아무리 둘러보아도 젊음뿐인데
그 거리를 무심으로 생각해본다
노을은 어디로 가야 있을까
거친 바람과 폭우 속에서도 들에는
코스모스 연보라의 쑥부쟁이들
누렇게 잘도 익은 논의 벼들까지

지친 하루에 오로지 당신이 아는
아름다운 세상이 여기 있어
마냥 앉았어도 하염없이
걸어도 또 좋은
이 가을날을 어쩔거냐.

마음 가득 꽃은 피어

꽃잎 가득 널브러진 덩굴장미
담장도 부드럽게 생크림 거품으로
푸름과 구름 사이에서 빛이 났었죠

귀염과 반짝이는 봉오리들
어설픈 몸짓으로 조금씩
둥글게 피어나고 있었죠

한결같이 매일 수백 송아리씩
노래도 하여 넘치도록
그러나 실은 여러 마음이었겠죠

초라함도 즐거움도
바람에 다 흩날리고
그저 예쁜 마음으로 날 맞아주었죠.

그런 줄만 알았는데

초록으로 도는 싱그러운 잎이
너와 같이 숨을 쉬는 시간
드센 바람을 견디지 못해
뿌리째 뽑혔다

갈맷빛이 되기 훨씬 전
멀리 보내야만 했던
세월의 흐름도
늘 그런 줄 알았었다

네가 있던 그곳
그냥 지나칠 수도 있었을텐데
그저 그런 줄만 알아
눈물만 남을 줄을 뉘 알았으랴.

겨울의 끝자락에

벌거숭이 들녘으로 스쳐가는
논자락 건너에서
산이 너울너울 춤을 춘다

잿빛 하늘엔 눈구름
금방 내릴 것 같으나
앙상한 가지에서 까치집도 널을 뛴다

숱한 사연 머금은
겨울산 먼 모습은
구제역으로 뒤범벅이 된 들

그때 기다리는 내 성급함도
그리움에 애타는 설렘으로
내 등에 가득 실려 가고 있구나.

그리움에 애타는 설렘으로 / 내 등에 가득 실려 가고 있구나.

내 젊은 향내에 빠져

기타와 드럼 색소폰과
그리고 세심한 감성에 열정이 더 보태어졌어
없어선 이루어질 수 없는
행동에 화음이 깃들게 되면
소리들을 뚫고 또 다른 음률이 울리게 된다

솟구치는가 하면 춤도 추고
거칠어지는가 하면 흐르듯 물소리 넘나들어
올라갔다가는 내려서고
달아났다간 돌아서서 나로부터 멀어지곤 했다

연주는 점점 깊어가고
부드럽고 단순하게 흥얼거리다가
마침내 여러 음계의 소리들이

어우러지면서 끝을 보였다

아직도 밤바람은 찬데
나만의 음률에 젖어
내 젊음은 편안한 겨를에 취하고 만다.

가을이 물드는 거리

외로우면 외로운 대로
괴로우면 괴로운 대로

그리우면 그리운 대로
그렇다면 그런대로

돌아보는 이 하나 없어도
가을이 깊게 물드는 곳

하염없이 걷는다
걸어서 가을로 간다.

수타사(壽陀寺)

새소리
물소리
바람소리
소리, 소리, 소리들

잎맥만 울금색으로 남은 고동잎사귀 소리에
긴 세월의 숨으로 버텨온 스님의 얼 주목나무 소리
칠이 다 벗겨진 단청소리에
걸을 때마다 밟히는 진잎 소리들

공작산 기슭의 물소리에 기대어
겨울 속으로 떠나는 나는
이 가을의 쓸쓸함에
나를 던지는 소리를 잡고 떨고 있다.

마음 가는 대로라면

웃고 싶으면 웃는 거지
왜 못 웃어, 미안해 할 것도 없어
미안하긴 왜 미안한 거야

좋아, 좋아
때와 장소 가리지 말고
마음 시키는 대로 해보는 거야

뛰고 흔들며 땀 흘리면서
청춘인 척하자
젊음에 지기 싫으면

똑바로 서서 느린 노래하기보다는
손뼉 치고 발 구르며

빠른 곡조로 불러보는 거야

크게 입 벌리고 소리 내어
더욱 젊어지는 노력을 해야지
마음이 시키는 대로.

가을 스케치 하다

앙상하게 가지만 남긴 채
열매만 줄래줄래 단 은행나무
빨간 보리수 열매와
하얗고 보드랍게 한들거리는 억새들

컹컹거리며 높다랗게 비어있는 하늘을
올려다보고 있는 저 누렁이와
길을 지나다 보아버린
어린 꽃뱀의 주검까지

낙엽은 바람에 떨어져
오솔길까지 가을빛으로 물들이며
호숫가의 단풍 길을 다독이다가
시작도 끝도 없는 아득함으로 올라가는 이 가을을.

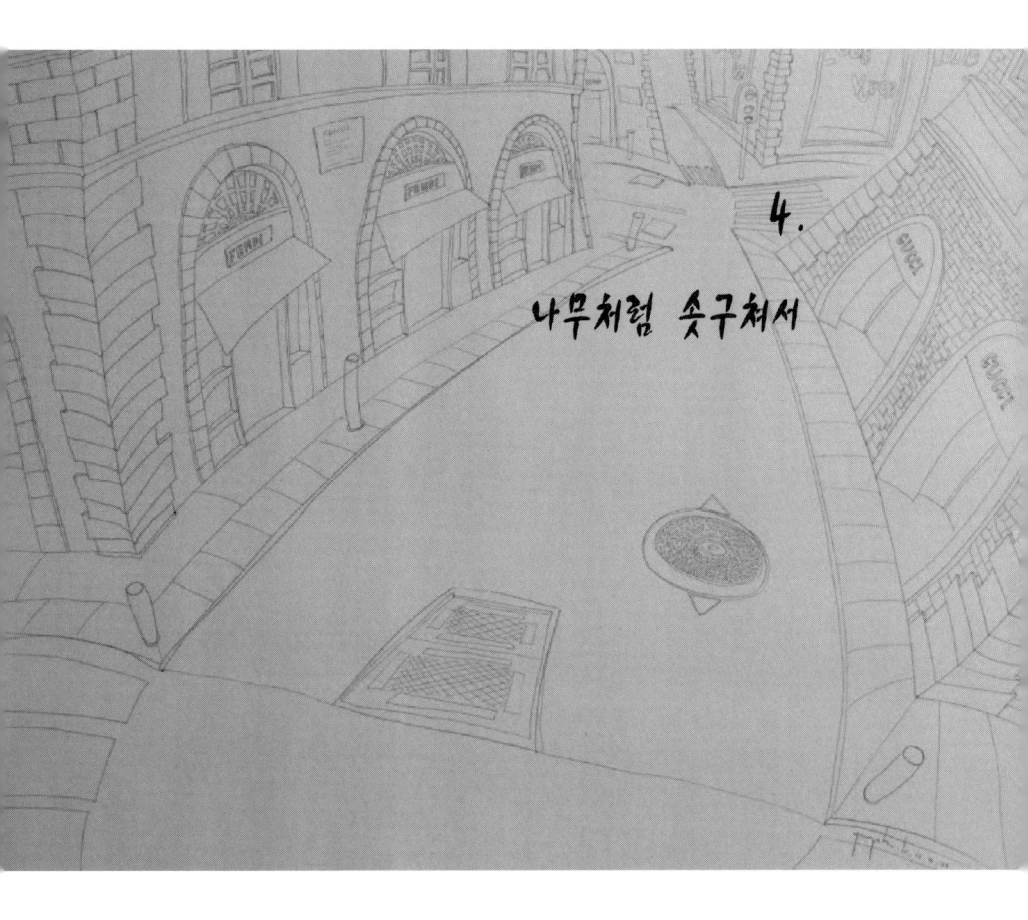

4.

나무처럼 솟구쳐서

풀꽃들

자세히 들여다봐야 예쁘고
오래 보아 사랑스러운
저 아름다움

담홍빛 노을에 젖었나
너 왜?
그래, 너였구나.

삭풍의 등 뒤로

들풀같은 생명이라 했지
처음도 끝도 아닌
잠시 머무는 이곳

무엇이 그리도 집착되는지
그저 아깝다고
그리고 그리움만 남는 듯

바람으로 구름으로
외면의 낯선 눈길로
비켜 살았거니

주체할 수 없는 무게로
번뇌와 갈등의 타오름

그렇게 아우르는 동안

표정 없는 바람의 등 너머
저만치 스쳐가고 있거니
보란 듯이 나를 힐끔거리며 가고 있거니.

아무래도 당신은

댓바람에 걱정은 사라지고
매지구름 아래 선웃음을 지으며
사람멀미 앓아 그냥 앉아 있었어요

꽃잎에 내린 이슬처럼 함초롬 핀 저 풀꽃들
마른 입술 적시는 물기인 양
당신은 너무도 곰살갑고 종요롭네요.

숲길을 걸으며

푸른 산내가 물든 길을 걷노라면
나무들이 오히려 내 길을 더듬고
쑥, 냉이 캐는 사람들의 어깨 너머로
새 한 마리가 훌쩍 떠나가더이다

문득 고개를 들어 올려다보면
아스라이 먼 곳의 꽃나무들
아프고 찌든 내 마음을 어루며
발자국을 깊숙이 묻게 하더이다

산내가 숲길을 다 채우면
내 발도 희망의 나무가 된 듯
산을 지키는 키다리풀들의
큰 그루가 되라며 가르쳐주더이다.

편 지

그대 향에 취해 꼼짝 못할 때 있었으나
가끔은 외로움을 삼키고 굳게 입 다물어
꿈을 좇아 일렁이는 아지랑이 되어보고
멍청하게 세상을 바라보기도 했지

살구꽃이 손짓하고 줄장미가 삐죽삐죽
둑방이 개나리 짐을 늘어놓은 뒤
솜사탕마냥 튀는 목련 바라보기
어제의 생각을 너와 함께 할까도 했지.

꿈을 좇아 일렁이는 아지랑이 되어보고
명청하게 세상을 바라보기도 했지

어쩌면 다 비워낸

탑골공원이나 종묘 앞
주름진 얼굴을 맞대고
옹기종기 몰려 앉은 설움
더러 달래려는 사람도 있다

한때는 호기롭게 삶을 엮어
힘이 넘치던 시절은
그때의 순수로 열정을 보내
이젠 버거운 겨울 문턱에 서 있는지

청량리에서 천안, 인천에서 소요산까지
무임으로 전차에 몸을 실어
슬픈 눈을 닦고
체념의 마음도 달래보지만

삶의 고리는 돌고 돌아
멍하니 속을 다 비워낸
삭막한 거리를 바라보며
어쩐지 영원히 바라볼 수 없을 것만 같은.

봄은 오는데

뽀야니 새벽이 머리를 내밀면
아침햇살이 퍼진다
더넘스럽게 바람을 떨며
나뭇가지들 물을 빨아 챙기고

머뭇거리던 지난 일들
더러는 잊고자 하는데
오늘은 이른 아침에
바람 앞서 달린다

먼 곳에선 훈훈한 바람
지난봄에 못다 한 이야기를
등때기에 올려붙이고
어디에 내려놓나 두리번거린다.

함박눈

지난밤에도 그랬었다
함박눈이 더 없이 탐스럽고
구성지게 흰 폭탄이 되고 말던 것을

기다리는 사람이 따로 없어도
하얀 송이꽃을 눌러 쓰고
얼싸안아 밤을 지새던 날들

바람은 휘몰아칠수록
더 영롱한 춤사위로 빛이 나고
그 아름다움에 난 그냥 너울거리기만 했던 것을.

세월

시간의 흐름을 따라
달아나고 싶어 안달이다
준비 없는 공허와
피해갈 수 없는 나날들이 아니던가

한 살 한 살 바뀌는 나이에
제대로 얻어먹을 때까지
째깍거리는 시침소리를
정말 허공에 매달고 싶다

눈은 침침해지고
귀는 먹통이 되고
마음만 답답해
가슴은 허망으로 꽉 차오르는데

무심한 세월아
차리지도 않은 상을
받으라고 아우성치니
내 머리 위가 허옇게 세어가고 마는구나.

어쩌란 말이냐

솔향을 맡으며 아무도 오지 않은 숲길을
나는 걸었다
또 밀물이 되고 있는
철썩이는 바다도 보았다

시를 쓰노라고
바람의 말을 듣노라고
마음으로 깊숙이 받아
멀리 물여울을 살펴보았건만

서툰 말로는 어떻게 하는지
하얀 포말의 바다 생각을
받아 적을 수는 없었다
그저 잠시 머물다 가는 바람으로밖에는.

어떤 외출

한 번쯤 벗어나고 싶은
우울한 것들의 저
어둠을 가로질러 달려가고 싶네

낯선 길에서
봄이라고 몸을 푸는 흔적들
나무처럼 푸르게 솟구쳐서

나를 에워싼 모든 것들까지
바다도 아닌 게 순식간에 밀려들고
그 물결 앞에 굉음처럼 나도 떨리게 하네.

가을 소묘

들고 나는 사람들의
들뜬 표정 위로
바랜 선율이 흐른다

어디론가 바람은 흩뿌려지고
숱한 언어들도 날아오르는데
손전화 울음에 허둥대는 내 손
추억에 가 멎는다

허공으로 흩어지는 이야기들과 함께
발길 닿는 대로 걷다가
쉴 의자가 있는 곳이면 어디든
기대고 앉았다 가야지

벌써 낙엽이 지려나
가슴은 시려오고
내 가슴 속에선 여전히 산울림의 독백이 흐른다.

휴휴암(休休庵)에서

바다와 하늘색은 맑고 시원스러워
모든 근심을 사라지게 하고
지친 몸과 마음도 버리게 하여
쉬고 또 쉬어가게 하는 곳이다

부처님과 중생이 따로가 아니라는
불이문(不二門)을 들어서면
묘적전 법당 안이 온통 맑은 소리
동해바다를 그대로 닮았다

법당이 올려다 보이는 해변가는
감로수병을 들고 계신 연꽃 위로
해수관음보살님
누워서도 저희를 보러 오셨네요

동쪽의 쪽빛 물너울이
온통 꽃 앞을 막아 올리고
내 마음 깊숙이 지금 막
등불 하나가 불을 밝히며 달려온다.

그 무량수전(無量壽殿)

부석사 오르는 길은
땀이 비 오듯 흐르는
참으로 더운 날이었다

먼 산을 바라보면
산 뒤의 산, 또 그 뒤의 산마루
눈길 가는 대로 겹쳐지는 능선들

사과나무에 주렁주렁한 사과며
복숭아도 탐스럽기 그지없고
느티나무 아래 슬쩍 바람도 지나가지만

무량수전 배흘림기둥을 두 팔로 안으면
의상대사가 설법 전하는 이 소리

지금도 들리는 듯하다

치장 없는 문창살 사이로
아미타여래의 아름다운 옷자락
너그러운 자태로 뽐내고 있더구나.

고왕경(高王經)

소원이 있어 두 손 모을 때는
고왕경을 읽어라
- 나무불 나무법 나무승

강아지를 보아도
고왕경을 읽거라
- 불국유연 불법상인 상낙아정

그녀의 어머님 말씀
고왕경을 외워라
- 일체제보살 서원구중생 칭명실 해탈

지극정성으로 원을 세워
고왕경을 읊조리라
- 사자변성활 막언차시허 제불불망설.

지극정성으로 원을 세워
고왕경을 읊으리라
— 사자변성활 막언치시허 제불불망설

노을빛

바람 속에 하늘이 붉다
임진각 근처의 산 그림자는
길게 주홍빛이 드리워져
드디어 내 가슴을 부여잡고
나는 숨을 고른다
성산대교에서 바라다본
아, 저 불타는 저녁.

흐린 날

다 저문 공간에
내 마음 쏟아져 내려
아직도 채우진 못했는데

거리도 온통 비어서
불빛만 가득한 가게들
간판만 오롯이 살아남은 간이식당들

걷다가 혹 넘어지기라도 하면
그만 하루가 지나가고
내가 돌아설 길조차 잃고 마네

길이 끝나는 둔덕에 갈대꽃 바람에 살아 있어
흥얼대면 들어주던 별들도 참견하고
흐린 날의 산책을 엿보고 있다.

친구에게
- 가을 산행

친구야
붉게 익어가는 가을 산을 다녀왔단다

골짜기마다 단풍빛 어우러지고
반짝이는 산의 젖은 낙엽들이
사방으로 날아오르는데
산천은 온통 단풍빛으로 변하여
예쁜 단장을 다 하고 있더구나

마음을 열어젖히고 바라다보니
참으로 아름다웠어
원효와 요석이 깃든 그 사랑의 길
한 단씩 층계를 수행해 오르듯
나도 겹게 올라갔어

자재암(自在庵)을 한 바퀴 돌아
나한전의 석굴에 이르러
원효샘의 시원한 맛과 물소리와 더불어
감칠맛이란 참 형용할 수 없더구나

새들은 지저귀고
지붕 끝에 걸린 풍경을 올려다보며
무언의 설법인 큰 바위 얼굴이며
좋게 단풍빛 차려 입은 사람들

소요산아, 너로 하여 행복한 이 가을날
힘껏 나는 외쳐 보노라
"친구야
다음 해 이맘때쯤
꼭 함께 와야겠노라고."

아름다움의 정취

땅거미 살몃 내려앉은 저녁나절
아파트 숲엔 보름달이 환히 걸려 있고

타오르는 불길마냥 가을 향기 짙을 녘에
안양천 물길 쫓아 음률도 흐르고

심장 뛰는 소리에 낙엽들 뒹굴면
그대로 이 자리에 영원의 미라 되리.

5.
하얀 꽃등불 켜고

기다리고 기다리다가

소식 오기를 기다리다가
또 만날 날을 고대하다가
목소리 들을 날을 바라면서

그러다가 손잡을 날을
너의 눈빛 하나와
얼마쯤 그 숨결까지 기다리고 있다구

시원하구 맑은 웃음기를 쳐다보며
너로 하여 나는 이제
늘 기다리기만 하는 그런.

외로운 것은

가만히 멈춰선 듯하다가
말은 할 수 없고
가슴 터질 것만 같던

눈물 흐르는데
누굴 만나야 할지
딱히 그럴 사람 하나도 없는데

휴대폰에 저장된
전화번호를 들추어 가다가
더러 눌러도 보다가

바람 맞고 사는
나 혼자의 시간

거리를 바장이다가

가슴 녹여줄 만한
커피 한 잔 앞에 놓고
인생이란 그토록 외로운 것인가 묻는다.

발왕산에 올라

곤돌라에 몸을 싣고
발왕산을 오릅니다
아버님, 이곳은 지금
흩날리는 눈송이에 싸여
살갗 시린 바람이 세찹니다
꽃잎처럼 떠다니는 눈발들
아래를 내려다보니 눈 덮인
주목이며 참나무에 기생하는 겨우살이들
그림같이 붙어 있습니다
스키나 보드를 타고 내려가는 아이들은
참 아름답고 예쁩니다
우리 아이들은 무섭다며 아래에서 놀고 있어요
멀리 날아가는 새처럼
소리 내어 부르지는 못하고

그저 올려다 볼 뿐입니다, 저 하늘을
거기 계신 당신을요
바알간 불꽃이 일렁대는 산꼭대기의 카페
벽난로 앞에서 차를 마십니다
이른 아침이라 아무도 없어서
좋아하는 가수의 노래가 참 반갑습니다
애절한 가락이 하늘 높이 번져 오릅니다
이렇게 좋은 곳에 서면
당신이 더욱 생각납니다
아버님 그리고 어머님.

독백

흐르는 계곡물도 스쳐 지난
숱한 시간

떠나간 사람과
돌아오지 않는 것들 모두

그 모두가 내 가슴엔
텅텅 빈 눈깔바구니*

오늘은 특별한
산들바람이라도 불었으면 좋겠다.

*눈깔바구니: 가는 대오리로 구멍이 많게 결은 바구니.

떠나간 사람과 / 돌아오지 않는 것들 모두 //
그 모두가 내 가슴엔 텅텅 빈 눈깔바구니

공원 이야기

넓은 뜰 나무숲
혼자 의자에 앉아
하늘을 보는 저 사람

외로움 견디지 못해
장기판을 사이에 하고
옹기종기 모인 노인들

긴 나무 그림자 속으로
스며드는 노을빛을
잠시잠깐 만족해 보지만

소란한 하루의 피난처로
적막한 이들의 보금자리를

떠나기 싫어하는 사람도 있고

삽시간에 어둠은 몰려와
속을 다 채워서
하루를 마감하는 공원 나들이.

바자님

또 봄이 오는구나
약속을 지키지 못했노라
자꾸 자드락거리지만

세월은 그렇게 흘러
나는 다시 휘뚜루 마뚜루
어디건 돌아다니고 싶구나.

마른 잎에게

잎 다 내린 다음에야
뜨락에서 널 만날 수 있었어

푸새밭일 때도 안 보이고
잎이 질 녘에도 들지 못하던 것이

떠나는 자리에서야 서둘러
운덤으로 이름을 알리니

낙엽귀근(落葉歸根)이라 했던지
세월도 그저 건너가려 하는구나.

상혼(傷魂)

여름 햇빛은 이렇도록 쨍쨍한데
하늬바람 부는 곳에서
마음은 이미 길을 놓은 것이리

드보르작의 첼로를 듣다가
분수처럼 흩날리는 음표들
몇 번을 반복해도 싫증나지 않지만

홀로 서 있는 저 소나무들
아니면 소박한 들꽃들의 무등처럼
오늘은 무상한 이가 되어도 좋으리

물안개 자욱한 강어귀로
서풋서풋 다가가서

나를 기다리고 있겠지

상혼에서 벗어난 그 언제쯤
시간의 흐름을 바꿔 놓을
아, 세상의 짐 다 내려놓을 수는 없으리.

그리움 가득히
　– 어머니의 기일에

마음 지치고 풀려
울며 눈물이 마른다 해도
당신을 어찌 잊을 수 있겠습니까

그러나 시간은 늘 흐르고 있어
그리움이 온 세상을 덮고
어디를 보아도 당신 천지인데

꿈에 언제나 당신이 거기 있습니다만
어디에 가 계십니까
제겐 늘 오늘 같은 날입니다

기억 속에 들앉아 웃고 있는 당신을

이리도 보고 싶은 이유는
시들지 않는 내음이 내 안에 있는 까닭입니다.

가을밤에는

살빛달이 내리는 그곳을 향해
창문을 반쯤 연다

노을은 길게 늘어져
그림자를 드리우고

모두가 그리움 안고
울어 볼 만한 그런 날

갈잎울음을 친구로 삼고
지천의 망초꽃도 안주 삼아

눈빛 시리게 내리뜨고
이바구꽃이나 피우련다.

사랑은 그 어디에

어디에나 사랑은 있었더라
여기에도 또 거기에도

꽃은 피었는데
지천으로 아름답게 피었는데

그 자태에 취해 향기를 맡으려니
꽃은 간데없고 잡초만 무성하더라

사랑인 줄 알고
가쁜 마음으로 다가섰더니

사랑은 간데없고
고적한 바람만 남았더라.

잠시 쉬어보세요

지금 바쁘세요
퇴근하고 시간되는데
시원한 바람 불고 나뭇잎 흔들리는
쌈지공원 나무의자에서 만나요

그곳 음악 분수를 바라보며
차 한 잔쯤 마셔도 좋아요
뿜어내는 물줄기 속으로 뛰다르며
웃어대는 아이들의 얘기라도 좋아요

참 생각이 나네요, 다 와 가거든요
잠시라도 머릴 식히려면
조금만 기다리세요
전철이 곧 도착할 테니까요.

무제 · 1

지난날을 생각해보면
모든 일이 소중한 것처럼

사그랑이 된 생각으로부터
벗어나야 나답게 사는 것일까

웃자란 망초같이 엉거주춤
목청껏 소리쳐도 되울리지 않는

나는 나의 찻집에서
나그네처럼 차를 마신다

쪽빛 새가 그려진 찻잔에는
잊었던 날들이 사물사물 고여 있다.

무제 · 2

하늘은 조각나
모든 게 바람에 흩날려도
그대로 나는 서 있으련다

아니, 서 있는 것이 아니고
머뭇거리며 단지
서 있을 뿐인데

어찌하랴
산다는 일이 그저
하늘 탓만도 아닌 것을.

안개는 자욱

내가 하는 모든 일
옳은 것인지
하늘에 물었더니

하늘은 그저
안개만 자욱
입을 다물어 깊더이다.

참 귀찮은 일로

약속이 있어 그는 늦을 테고
아이들은 알아서들 다 잘 할테니
상 차려 내놓을 일도 전혀 아닌데

배꼽시계 맞춰 젓가락질할 일 없으나
그래도 한 번은 먹어둬야 될 터
참고 견디고 또 못 버틴다면

가까운 데로 달려나가
양지머리 대파 사 가지고 와서
싱크대 위에 던져놓아

저거
누구라도 끓여
내게 공양하면 아니 될까?

꿈 속에서

그립던 어머니
나보고 반가워하며 같이 가자신다

기쁜 마음에 달려가고 싶은데
발이 안 떨어져
홀연히 손을 흔들며 가버리시네

아, 꿈이었구나
벌써 가신 지 20년이 되어가는데
세월이 지날수록

잊을 수 없는 바로 내 어머니
참모습은 영원히 사라져가버리고.

명상 속의 너

눈을 꼭 감고 꿈을 꾸어라
잠 속에서도 날아보아라
그 속에서 너를 들여다볼 수 있게

눈 속으로 들어가는 저 소리
그리움에 대한 부정과 동경
채색면에 잔뜩 담아내고 있구나

선율을 타고 날아오르는 네 소리
모든 관계에 대한 이야기로
표현의 두 면을 가득 채우는구나

어떤 선택이었나, 내가 보이는가
작가와 작가가 만났을 때

행위로 하여 발생된 감성들까지

너는 누구였나
어찌 태어났나
명상 속의 주인인 너는.